O CONTRÁRIO DA MORTE

Do Autor:

Gomorra

Roberto Saviano

O CONTRÁRIO DA MORTE

Cenas da vida napolitana

2ª edição

Tradução
Ana Maria Chiarini

Copyright © 2007 *by* Roberto Saviano
Publicado mediante contrato com Agenzia Letteraria Roberto Santachiara

Título original: *Il contrario della morte & L'anello*

Capa: Raul Fernandes
Foto de capa: Maremagnum/GETTY Images
Foto do autor: Piero Pompili

2009
Impresso no Brasil
Printed in Brazil
1ª edição: outubro de 2009
2ª edição: novembro de 2009

CIP-Brasil. Catalogação na fonte
Sindicato Nacional dos Editores de Livros, RJ.

S278c 2ª ed.	Saviano, Roberto, 1979- O contrário da morte: cenas da vida napolitana/Roberto Saviano; tradução Ana Maria Chiarini. – 2ª ed. – Rio de Janeiro: Bertrand Brasil, 2009. 96 p.
	Tradução de: Il contrario della morte & L'anello ISBN 978-85-286-1406-0
	1. Crônica italiana. I. Chiarini, Ana Maria. II. Título.
	CDD – 813 CDU – 821.131.3-8
09-4879	

Todos os direitos reservados pela:
EDITORA BERTRAND BRASIL LTDA.
Rua Argentina, 171 – 2º andar – São Cristóvão
20921-380 – Rio de Janeiro – RJ
Tel.: (0xx21) 2585-2070 Fax: (0xx21) 2585-2087

Não é permitida a reprodução total ou parcial desta obra, por
quaisquer meios, sem a prévia autorização por escrito da Editora.

Sumário

O contrário da morte 7

O anel 65

O CONTRÁRIO DA MORTE

Retorno de Cabul

A Vincenzo e Pietro,

que a terra lhes seja leve

Você chora só se ninguém vê

E grita só se ninguém ouve,

Mas não é água o sangue que corre nas veias,

Carmela, Carmè

E o amor é o contrário da morte...

Sergio Bruni

Se necessário o sangue

a qualquer custo

Dê o seu, se é bom samaritano.

Boris Vian

Eu o imagino como um lugar de muita areia. Cheio de montanhas cobertas de neve. Areia e neve. Areia e neve, embora não combinem, embora nunca estejam juntas no sonho de ninguém. Mas eu sempre vejo pó, areia, mercados varridos pelo vento, como o que varre as nossas praias. E, a distância, a neve sobre os cumes. E depois turbantes, todas aquelas barbas. E as roupas que te fazem desaparecer e que, para mim, são até bonitas. Bonitas para vestir quando a gente não quer ser vista, quando quer parecer feita só de tecido. Às vezes, gostaria de poder usá-las aqui, quando sinto os olhos de todos colados em meu rosto. Se sorrio, sorrio demais e já o esqueci; se tenho lágrimas nos olhos, murmuram que devo parar com isso porque chorar não vai trazê-lo de volta; e se fico impassível, emitem logo o veredicto: enlouqueceu de dor. Eu queria me cobrir com essas mantas azuis, com essas burcas.

Maria fecha os olhos e tenta imaginar o Afeganistão. Relembra algumas imagens que lhe passaram pela mente ao longo dos últimos dias e as descreve para mim. É a primeira vez que o faz com um estranho. Mas talvez seja apenas eu que me sinta um estranho, porque ela me viu na igreja durante o funeral, ou talvez se lembre de quando eu vinha jogar bola por esses lados, ou quem sabe da academia, quando

O contrário da morte

eu me fingia de pugilista e aliviava a tensão espancando o saco de areia. E quando me fala de uma terra que nunca viu, é como se conhecesse cada imagem mostrada na TV, cada foto publicada nos jornais. É como se tivesse treinado o olhar para captar cada detalhe do cenário onde os enviados especiais gravavam suas matérias em Cabul, ou dentro das reportagens recheadas de fotografias publicadas nas revistas femininas.

O Afeganistão tornou-se uma terra de que ela fala todos os dias, mais do que de seu próprio país. Encontra-o à sua frente continuamente. Um nome estranho, difícil de pronunciar, que no dialeto se distorce em Affanìstan, Afgrànistan, Afgà. E que por aqui não evoca nem Bin Laden nem os talibãs, mas, antes de tudo, o *afegão*, o melhor haxixe do mundo, que circulava na forma de lingotes e lotava as garagens, tendo sido, por muitos anos, o verdadeiro chamariz que atraía todos às praças em que se fazia o tráfico.

Maria é obcecada pelo Afeganistão. Uma obsessão que não escolheu. Uma neurose que encontrou dentro de si, como uma desventura. Ninguém à sua volta pronuncia qualquer palavra que mais remotamente possa lhe recordar o som de Afeganistão. Como se bastasse um som para reacender sua dor ou lhe recordar, numa fração de segundo, mais uma vez, a origem dela. Como se lhe trouxesse à memória o país, na hipótese de que, por um instante, tivesse conseguido esquecê-lo. Maria percebe todas essas gentilezas inúteis. No início, incomodavam-na, como incomodam os homens que se apressam em abrir uma porta com excesso de cerimônia ou que se desculpam por ter proferido alguma palavra inapropriada aos ouvidos femininos. Falsidades

O contrário da morte

educadas que servem mais para exibir o tato e a fineza do nobre sedutor do que o cuidado com a pessoa que as recebe.

Maria não consegue esquecer. Não consegue deixar de pensar — não faz muito tempo, mas sequer por uma tarde ela consegue impedir que lhe venha à mente o que aconteceu, onde aconteceu — e de se perguntar o que poderia tê-lo evitado. Pergunta-se de uma forma que jamais deveria se perguntar. Aqui se treina para se considerar tudo que acontece como inevitável. É diferente do antigo fatalismo, que fazia aceitar tudo de joelhos e de braços abertos. O treinamento cotidiano para se conformar diante dos fatos, atualmente, leva a uma atitude muito mais agressiva. Se aconteceu, devemos ser capazes de tirar proveito disso, e essa atitude nos impossibilita compreender. Compreender como estão as coisas, como podem ser evitadas, de

Roberto Saviano

onde vêm. É viver cada dia como o pior dos dias, mas sabendo tirar disso o maior proveito possível. Um proveito mesquinho, pronto a se valer de uma distração do destino, da breve pausa em um desmoronamento de terra sobre nossas cabeças.

À volta de Maria ninguém se pergunta como ocorreu e por quê. As coisas acontecem porque têm de acontecer. Devemos apenas vivê-las e extrair delas o que for possível. Não nos compete decidir quanta esmola pedir ao azar, o que nos cabe e por que nos cabe. Exatamente lá, onde percebemos que não podemos obter qualquer proveito, a raiva e a dor nascem.

No entanto, Maria adoece de perguntas. Faz perguntas aos soldados que estavam com Enzo em Cabul e há tempos regressaram, faz perguntas a todos que voltaram, ainda que só de licença. A quem retornou da última guerra. Perguntas que introduz furtivamente na enxurrada de

O contrário da morte

sensatas e educadas palavras que oferecem a ela, a viúva, a noivinha que tropeçou no véu e caiu antes de chegar ao altar. Nesta pequena cidade, existem veteranos de todas as guerras, de todas as últimas guerras. As últimas guerras que não são mais chamadas de batalhas ou conflitos, mas de missões. Missões de paz. Por essas bandas, entretanto, os familiares, os rapazes do lugar, as namoradas, os irmãos, todos as chamam apenas de "última guerra". A última sempre enterra as precedentes. Última guerra foi a do Iraque algum tempo atrás; última guerra foi, por um longo período, a da Bósnia. Última guerra para os daqui agora é a do Afeganistão. De Casavatore a Villaricca, entretanto, todos foram para Nassíria, enquanto no interior, hoje, a última guerra é a do Líbano, para onde os soldados foram mandados há alguns meses. Ninguém menciona eles. Ninguém conta nada, ninguém organiza manifestações, não há outros meios de comunicação que consintam às famílias economizar telefonemas, não há esposas mostrando para as webcams a barriga proeminente que, desde a despedida, cresceu e ficou enorme. Assim, o imaginário se constrói com as fotos em formato jpg que os soldados mandam do front através de emails, para poder descarregar os cartões de memória de suas máquinas fotográficas, salvando as imagens que serão vistas pelas namoradas e farão as famílias entenderem onde estão trabalhando e como ganham a vida.

Os jornais não querem fotos do cotidiano no front. Patrulhas, filhos no colo, pernas balançando sobre os tanques, óculos de sol e metralhadoras. Tudo óbvio demais ou meramente uma rotina de guerra que nunca deve parecer rotineira aos olhos de alguém. Os vídeos são requisitados, contanto que se esteja atirando num ferido, insultando inimigos, violando

O contrário da morte

regras de guerra, ou se alguém foi capturado e filmado enquanto estava sendo executado.

Os meninos daqui, quando vão à escola em Nápoles ou seguem as rotas de transferência de seus pais para vários quartéis, terminando nas escolas de Roma ou Turim, não entendem quando a professora lhes pergunta sobre a última guerra. Eles têm em mente aquela em que estiveram seus pais ou a que estão seus irmãos, e queimam os miolos para lembrar se, de fato, é a última, para entender se era realmente essa a pergunta. E, então, respondem: "A última guerra é a do Kosovo, em 1999, meu pai esteve lá." Ou ainda: "A última guerra é a do Afeganistão." Quase sempre a turma explode em gargalhadas porque a pergunta sobre a última guerra é a mais fácil de todas. A professora não quer saber sobre a Tríplice Aliança nem o ano do armistício da Primeira Guerra Mundial. Ela só quer saber a última guerra, a coisa mais simples do mundo. Quem não sabe é muito burro.

No entanto, para os meninos daqui, entre a última guerra, da qual ouviram falar, e aquela que ensinam na escola, existem camadas e camadas de outras tantas guerras. A mais remota de que se recordam não veste o uniforme nazista nem usa o capacete dos libertadores: é o Líbano do contingente italiano, o ITALCON, de 1982. Não se trata de uma memória histórica e nem passa pela cabeça de ninguém, nem mesmo dos adultos, ler a respeito para recordar. São apenas memórias de mesa de bar, histórias contadas enquanto se amaldiçoa o banco que não prorroga o empréstimo, ou se folheia o novo calendário do Exército que todos recebem anualmente.

Em qualquer lugar na Itália onde se pronuncie a palavra "veterano" e "última guerra",

O contrário da morte

afloram imagens de cabeças grisalhas que pertenceram a grupos de resistência. Aqui, entretanto, há inúmeros veteranos muito jovens. Veteranos ansiosos por partir de novo, veteranos que voltaram e investiram todas as suas economias em um bar. Ou melhor, que abriram um restaurante em sociedade com seus companheiros de regimento, gastaram sem pensar, desde o mármore até a contratação do *chef*, e, passados alguns meses, veem o negócio ir de mal a pior. E, assim, embarcam outra vez para algum front, se é que ainda têm idade para o serviço militar ou mantêm os contatos certos para poder partir. As empresas de segurança da Itália estão lotadas desses veteranos, já que, após escoltar um comboio de gêneros alimentícios, defendendo-o dos guerrilheiros do Exército de Libertação do Kosovo ou das tropas do general Aidid, certamente estão preparados para fazer a segurança de um subsecretário ou de um juiz, sem sonhar todas as noites que podem ir pelos ares.

A maior parte das tropas das missões humanitárias é composta por soldados do sul da Itália. Mais da metade dos soldados italianos mortos também é do Sul. A região é cheia de veteranos. Soldados que voltaram da Bósnia ou, antes ainda, de Moçambique. Soldados que voltaram do Kosovo, soldados que voltaram da Somália, soldados que voltaram do Iraque, soldados que voltaram do Líbano e que esperam voltar para lá. Soldados que voltaram somente como corpos, carbonizados, dilacerados, em pedaços.

Está repleto de soldados aqui. Paraquedistas da brigada Folgore, soldados de infantaria da brigada Garibaldi, paraquedistas *carabinieri* do regimento Tuscania, além dos *alpini*, do batalhão San Marco, da brigada Sassari. Quase todos por esses lados já pensaram, pelo menos uma vez, em se alistar. Para frear o desejo de se

O contrário da morte

alistar, é preciso ter nascido com um único rim, pé chato ou retinite pigmentosa que condena à cegueira. E, mesmo nesses casos, eles fazem o pedido de alistamento. Tentam, ao menos. Aos médicos militares cabe a tarefa de descobrir quem não está apto. Eles torcem por uma distração, por serem examinados por um médico cego e surdo. Aqui, até os pernetas tentam se alistar. E se antigamente, com a idade de cumprir o serviço militar obrigatório, milhares de jovens eram dispensados valendo-se de fístulas anais inexistentes ou de frascos com urina contaminada com sangue, comprados a peso de ouro, hoje, que o exército é sinônimo de trabalho e salário, isso não acontece mais.

No período de entrega do pedido de alistamento, todos vão ao guichê do quartel em frente ao Palácio Real de Caserta. Dezenas de carros dirigem-se para lá e, por se tratar de uma área turística, estacionam bem longe. Com garrafas

Roberto Saviano

térmicas cheias de café e enrolados em cobertores, os rapazes fazem fila durante toda a noite para serem os primeiros a entregar o formulário pela manhã. Depois da lei que aboliu o serviço militar obrigatório, os voluntários se consideram azarados, pois teriam aproveitado com prazer as brechas do sistema anterior para se declararem aptos. A objeção de consciência era uma opção apenas dos rapazes de esquerda, a grande maioria estudantes que podiam passar aquele ano sem ganhar nada. Todos os demais consideravam o quartel uma oportunidade e um ano de salário perdidos, a oportunidade para averiguar se o quartel e o uniforme eram preferíveis ao canteiro de obras ou à fábrica, ao caminhão nas estradas da Europa ou aos longos dias atrás do balcão de um bar.

Todos os parentes de Maria se alistaram ou tentaram se alistar, e Maria conhece todas as namoradas e esposas de vários veteranos.

O contrário da morte

Afinal, não conhecê-las significaria não frequentar amizades da mesma idade.

Elas não conseguem se conter e me perguntam o tempo todo coisas estranhas, do tipo como se faz para saber se o marido foi mandado para um lugar perigoso, ou o que dizem antes de avisar que um parente morreu. A ideia é se precaver, se informar para não serem pegadas desprevenidas, como que se vacinar ou evitar que lhes aconteça a mesma coisa. Todas as minhas amigas com os namorados na guerra querem que eu conte a minha história. Mal acabo de contar, e elas me perguntam mais uma vez, e depois ainda outra vez. "Desabafa!", me dizem, mas, na verdade, elas não querem perder nenhum detalhe. E quanto mais me escutam, mais me observam, mais têm medo de acabar como eu. É por isso que elas querem saber tudo. E eu já as imagino voltando para casa e escrevendo um email aos namorados para dizer que não façam as mesmas coisas que Enzo fez.

Maria parece ter adquirido uma sabedoria que não combina com a sua pouca idade. Adquiriu-a no evaporar das horas, que passam sempre iguais, no tempo que parece correr além daquele de sua idade, nos minutos que se chocam uns com os outros e se atropelam na sua vida que já não tem mais o fôlego que deveria ter.

Não entendem que são coisas que elas não podem decidir. Para onde serão enviados, o que farão. Alguém manda neles. E a vida deles não depende mais deles. O que eu posso fazer para que entendam isso? Elas acreditam que me ouvindo salvarão seus namorados. E por que eu não deveria deixar que acreditem nisso?

O contrário da morte

Maria esfrega as mãos suadas, sem descanso. Resolvemos passear pela rua, ninguém nos olha. Ou melhor, todos se habituaram a ver Maria sempre ao lado de alguém, acolhida no conforto familiar. Tem a aparência de uma menina, os pés de uma menina, abrigados em um par de sapatinhos que, com certeza, foram comprados numa loja infantil, de tão pequenos. Sapatinhos daquele modelo de boneca, com quatro furinhos no peito do pé. Ela usa o cabelo repartido ao meio, dois grampos perto das têmporas para impedir que os fios lhe cubram os olhos. O nariz é pontudo, como um florete cravado entre as maçãs do rosto. Usa meias pretas, pulôver preto, jaqueta preta. Nenhuma maquilagem. Seus olhos têm um toque oriental, harmonizam-se bem com o corpo diminuto, quase de porcelana. Já carrega a máscara de viúva. Parece a versão encantadoramente jovial de suas avós, de sua mãe. Às vezes, vestida assim, toda de preto, em algumas ocasiões com o típico lenço preto na cabeça, ela provoca riso, parece que está brincando. Como as meninas que, na frente do espelho, calçam os sapatos da mãe — os pés dançando dentro deles — e colocam enormes colares que pendem na curta distância entre o pescoço e o umbigo. Assim é Maria, uma caricatura de suas avós vestidas de luto perene. Ela e todas as mulheres de sua família vestem-se de preto há meses. Em breve completará um ano. Um luto eterno, que não acaba. O luto por Enzo, ao qual se amarra o de outro jovem que morre, expira, some. E o rapaz gera um novo luto que se estende a todos, aos vizinhos, amigos, tias, primos afastados. Na minha cidade, todas as amigas de minha tia usavam constantemente roupas pretas, porque havia sempre um namorado assassinado, um parente distante caído de alguma laje, o respeito devido a alguma família que perdera alguém. E, quando não havia luto, mantinha-se

O contrário da morte

o figurino, porque em breve, com certeza, apareceria um. Não convinha tirá-lo. Quando morre um sexagenário, quando se morre de doença, o luto se restringe aos parentes mais próximos. Quando morre um jovem, ele deve ser de todos. Como um peso a ser compartilhado ou um infortúnio do qual não se pode escapar.

Na minha terra, quando alguém morre no front, a vizinhança inteira se veste de preto. Quando criança, eu esperava os batizados e o Natal para não ver as mulheres da minha casa vestidas assim. Nos batizados, as roupas tinham que ser coloridas, e no Natal era obrigatória a cor vermelha. Mas minha tia ficava sem graça e, de tão acostumada com o preto, continuava a se vestir como sempre, não se reconhecia nas cores. Uma vez, desabafei:

— Até no Natal de preto? Que inferno! Quem morreu?

— Você está enganado. Não está vendo que estou de azul-marinho?

Também na casa de Maria todas se vestem de preto.

Maria me convida para entrar. Seu quarto é exatamente como eu imaginava. Ainda o mesmo de quando era criança. Um poster, enormes bichos de pelúcia, até uma caixa com uma Barbie superluxuosa de coleção, do tipo proibido pelos pais nas brincadeiras, destinada a permanecer sempre exposta. Um quarto que ela pensava deixar por uma casa, uma casa de mulher casada, um quarto que agora a aprisiona como viúva. Acima do computador há um quadro pequeno, daqueles que se compram em San Gregorio Armeno, com o contorno do Golfo de Nápoles enfeitado por minúsculas luzes que imitam o fogo da lava e o do tormento. Um pequeno objeto que torna deslumbrante uma perspectiva banalizada em cartões-postais.

O contrário da morte

Nápoles parece muito longe daqui. Pergunto-lhe a respeito do computador. Como imaginava, responde que o comprou por causa do embarque de Enzo para o Afeganistão.

Tínhamos um email comum, uma senha que só nós dois sabíamos. Enzo era ciumento, tinha medo que eu trocasse mensagens com alguém num chat. Mas eu usava o chat para conversar com ele, só com ele.

Talvez esteja mentindo, no que faz bem. Todas as meninas compraram um computador quando os namorados embarcaram. Internet para troca de emails e chats com os namorados. Comunicação grátis, ou quase. Desde quando instalaram equipamentos de informática nas bases das missões, por aqui aumentaram os contratos de serviços de internet e ADSL. O técnico na região que faz as instalações é um veterano da Somália, aprendeu a usar fios e chaves de fenda na Folgore. E, sempre que possível, atende primeiro as casas das namoradas dos soldados, tenta dar prioridade às suas exigências, como se um resquício de honra guerreira o fizesse ainda sentir-se membro de uma comunidade de combatentes.

No quarto de Maria, fotos de Enzo espalhadas. Enzo na praia. Enzo treinando na academia. Enzo dando-lhe um beijo. Uma delas é até engraçada e me faz rir: Enzo sustentando-a no ar com as duas mãos, na horizontal, como uma barra usada pelos halterofilistas nas Olimpíadas. Enzo não era musculoso. Tinha um físico atlético de quem está para se tornar pugilista, categoria peso-mosca. Uma foto com o Coliseu ao fundo. A clássica excursão a Roma.

Esta é de um pouco antes de ele ter ido para o Afeganistão. A primeira vez que fui a Roma.

O contrário da morte

Tínhamos ido procurar lembrancinhas para o casamento, aquelas menos cafonas, menos comuns, e, depois, a gente iria comprar por aqui as mais parecidas com as romanas.

Suas amigas, as que frequentavam a universidade, disseram-lhe que poderia causar boa impressão se, no lugar das clássicas lembrancinhas, escolhesse os bottoms do Emergency.* Eles também atuavam no Afeganistão e, quem sabe, Enzo poderia encontrar aquele médico de barba branca, Gino Strada, em algum lugar de Cabul.

Cheguei a pensar seriamente nessa possibilidade. Mas imagina todos os meus parentes com aquele lacinho? Não iam entender nada, não iam nem poder colocar de enfeite sobre os móveis das suas casas, ao lado das outras lembrancinhas, dos

---

* ONG italiana que oferece assistência médica gratuita às vítimas civis de guerras.

outros casamentos da família. Iam pensar que meus pais não podiam pagar nem uma lembrancinha para o casamento da filha.

Maria faz diversas pausas enquanto fala. Presta atenção para não se perder. É arriscado, muitas vezes ela se perde nas lembranças, não recupera mais o fôlego, sentindo-se sufocada por tudo que não aconteceu. Sufocada pelo oxigênio. Como um peixe fora d'água.

Consegue me contar sobre aquela manhã. Tinha voltado para casa com as lembrancinhas que escolhera sozinha, idênticas àquelas vistas com Enzo em Roma. Ainda não havia comprado o vestido, apesar de ter experimentado três modelos e de ter preferido um em particular.

Meu irmão atendeu ao telefone; era a mãe do Enzo. Ele gritou para me chamar. Continuava ao telefone com ela, quando me disse que Enzo tinha

O contrário da morte

sido ferido, que os talibãs tinham atacado um caminhão e o tanque onde ele se encontrava. Achei estranho, porque ele não dirigia tanques nem caminhões, e nunca me mandara fotos ao lado de tanques. Ele me contou logo, mas na hora não me assustei. Minha boca ficou seca. Meu irmão continuava a falar com a mãe de Enzo, então pensei que não fosse grave. Eu achava que as más notícias eram dadas lentamente. Que o carro dos carabinieri *iria à casa da mãe dele, que depois o pai de Enzo avisaria meu pai, e que, por fim, meu pai me chamaria na sala, onde as pessoas são chamadas para saber coisas terríveis, dizendo "Maria, preciso falar com você", e eu, então, entenderia que algo grave tinha ocorrido. No entanto, eu estava ali, arrumando as lembrancinhas, e meu irmão, ainda ao telefone, me deu a notícia a meia-voz. Quem podia imaginar? Não me assustei de imediato. Ligamos a televisão, nada. Procuramos na internet... Nada. Telefo-*

namos para os números que tínhamos, para os amigos de Enzo: ninguém sabia de nada, ninguém dizia nada. As primeiras notícias vieram mais tarde pela TV, depois telefonaram e disseram que Enzo estava num tanque que tinha passado por uma mina, fora de Cabul, e que a mina tinha explodido, fazendo o tanque tombar, e que havia mortos, mas ele estava salvo.

Na realidade, o que fez explodir o tanque não foi uma simples mina. Os talibãs esperaram passar um comboio italiano para detonar a bomba à distância. O tanque virou e, em seguida, incendiou-se. Nele estavam quatro soldados. Seus tímpanos estouraram imediatamente e eles afundaram no silêncio. Enzo perdeu as pernas, as feridas cauterizaram rápido, a artéria femoral se fechou, e depois ele também se incendiou. Fogo que, em seguida, se apagou, fazendo-o sofrer ainda mais porque continuava vivo dentro

O contrário da morte

de um forno. Os tímpanos perfurados, as chapas de aço transformadas em cimitarras voadoras que cortavam num só golpe. A explosão chegou a lançar um soldado contra o teto do tanque, quebrando-lhe o pescoço. Outros dois se salvaram, e Enzo ficou com metade do corpo para dentro e metade para fora.

Os talibãs fizeram o comboio saltar pelos ares. O tanque nem parecia blindado. Abriu-se por baixo, e os destroços choveram em seu interior.

Disseram que ele podia se salvar, disseram isso...

Na cidade, logo começaram a preparar faixas para recebê-lo. A família não conseguia sair de casa sem que todos pedissem notícias: queriam saber da sorte de Enzo.

Roberto Saviano

Até o gerente do banco, aquele que não tinha dado o financiamento porque não tínhamos garantias, até ele, que era um dos motivos por que Enzo tinha feito as contas e ido para a guerra, cercava minha mãe e dizia: "Olhe, sobre financiamento para a casa dos meninos, podem contar comigo; assim que o cabo voltar, venham me procurar!" Eu queria ter cuspido na cara dele, apesar de que uma mulher não faz essas coisas.

Após o desembarque em Roma, levaram-no para o hospital. Na cidade, a festa estava preparada; compraram até fogos de artifício, e os melhores profissionais da região ficaram a postos para fazer o espetáculo sem receber um centavo. O clima era de quermesse. Mas não houve nenhum retorno. Enzo estava morto. Talvez, depois do atentado, tivesse lhe sobrado nos pulmões apenas o ar para o último suspiro, o ar que permitiu que se escrevesse, no primeiro

O contrário da morte

boletim médico, que ele não havia morrido, o ar que permitiu não divulgar a notícia de muitos mortos no front, postergando-os, um por vez, um por semana.

Entendi que ele tinha morrido pela forma como minha mãe se aproximou. Ela me abraçou; há anos minha mãe não me abraçava daquela maneira. Me abraçou e começou a acariciar meus cabelos, prevendo a minha reação. Aí, quebrei tudo que encontrei pela frente, a televisão, joguei as lembrancinhas pela janela; eu não queria que nada sobrevivesse a Enzo. Nem as coisas. Nem mesmo eu.

Maria insistia que queria vê-lo, que precisava vê-lo, que tinha o direito de vê-lo. Mas não se pode mostrar um corpo morto na guerra. Até mesmo a morte tem a sua gramática. Um corpo morto na guerra não pode ser estudado por quem não conhece a ferocidade do combate.

E, para os seus familiares, Maria não devia se aproximar de um corpo dilacerado. Enzo estava ali, sobre a maca de um hospital militar romano. Como qualquer morto. Num necrotério idêntico ao de milhares de hospitais onde todos terminam: branco, azulejado, com cheiro formol. Restara pouco, muito pouco de Enzo. Seu irmão o tinha visto e reconhecido. Não pudera tocá-lo, pois corria risco de descolar, apenas com um beijo, a pele que sobrara próxima aos ossos. Maria insistia. Queria vê-lo, queria encontrá-lo pela última vez. Porém, daquele jeito não era possível. Então, fizeram um pacto, um daqueles pactos arrancados das pessoas privadas de forças, que têm os olhos inchados e o rosto empapado de lágrimas, mas que não se deixam demover de sua intenção. O irmão de Enzo a fez entrar no necrotério com uma das mãos cobrindo-lhe os olhos. Uma das mãos sobre os olhos de Maria,

O contrário da morte

e a outra segurando-lhe o braço direito. Para evitar que a curiosidade de Maria abrisse suas pálpebras, por um segundo que fosse. E assim a acompanhou até a maca, até Enzo.

Não sei como ele voltou, não vi como o devolveram para mim. Sentia um cheiro horrível, igual ao cheiro de pele de frango quando queima. Aquele não era o seu cheiro. Senti que ele estava ali, ao meu lado. Senti que algo tinha se salvado. Era como se entrasse numa sala em que ele estivesse presente.

Maria apertou tão forte a mão do irmão de Enzo, que suas unhas longas e pintadas, de mulher às vésperas do casamento, enterraram-se em sua palma. Mas o irmão de Enzo não disse nada, ou não sentiu nada.

Enzo havia se alistado com a clara intenção de participar de uma missão de paz. Havia abandonado a academia de ginástica, onde se destacava. Acredita-se que todos se alistam por dinheiro. E frequentemente usa-se a palavra "mercenário". Mercenário. Soa bem, forte, feroz, soa a crítica na medida exata. Evoca algo romântico. Quem combate não deveria fazê-lo por dinheiro, e sim por amor à pátria. Dá vontade de rir. Os rapazes daqui, quando discutem com seus companheiros e são insultados por serem chamados de mercenários, nem se sentem ofendidos. É difícil compreender por que os únicos que não deveriam trabalhar por dinheiro sejam exatamente os soldados. Quando se embarca numa missão de paz, ganha-se o triplo, às vezes o quádruplo. E ainda há todo o resto. O resto é a possibilidade de crescer, de fazer algo que tenha o peso da responsabilidade, do esforço, do décimo-terceiro e das férias, de ser reconhecido como pessoa de valor, de ser considerado. Ver um pouco do

O contrário da morte

mundo. E, para alguns, ver qual o efeito de estar na guerra, de atirar e ser alvo de disparos. Invadir, atacar, desafiar. Para muitos, ir e retornar o quanto antes, trazendo a pele de volta para casa. E algumas fotografias.

Soldados de diversas guerras. O sul da Itália tem o primado dos jovens mortos por causas violentas. Enquanto se recordava de seu encontro às cegas, Maria tinha as faces umedecidas pelas lágrimas. Mas parou de chorar de repente. Como se tivesse decidido represar o que guardava dentro.

Eu a vi, pela primeira vez, abraçada a um caixão, de joelhos. Na igreja. Pequena, menor do que agora diante dos meus olhos. E tenho a impressão de que a estou revendo. Maria, para acalmar as lembranças, pega um copo d'água e começa a beber. A água lhe escorre pelos cantos da boca. Tudo nela me parece silenciosamente famélico. A fome, a sede, o sono. Tudo remete a um sinal de vida, uma vida que se move sob a pele, como um combustível que não consente, nem por um momento, que a viuvinha se apague, se renda. Maria faz um lindo gesto, daqueles que a gente não esquece quando vê de perto e sente o sangue fluir por dentro. Um gesto que minha mãe também fazia nos meses de calor. Um gesto comum no interior. Enfiam-se os dedos na água que sobra no fundo do copo e passa-se no peito, no vão entre os seios, enxaguando o suor. Um movimento que deve ser instintivo, porque é tão insolente quanto enfiar o dedo no nariz ou tirar um pedaço de carne entre os dentes. E, no entanto, Maria o faz com naturalidade. Naquele momento, vejo a plaquinha de identificação militar que carrega no pescoço. Nenhuma cruz, nenhum santinho, nenhum símbolo de beata, nenhum rosário. Só a plaquinha de identificação de Enzo. Deformada pelo fogo, pelo calor. E relembro a cena

O contrário da morte

durante o funeral. Todos os amigos da academia tinham as mãos enfaixadas, todos sentados nos primeiros bancos da igreja. No momento da comunhão, não se colocaram em fila diante do padre. Na fila postaram-se apenas as idosas do lugar, enquanto todos os rapazes, militares e civis, veteranos e companheiros do exército, seguravam suas placas de identificação. Eles ergueram o cordão pendurado ao pescoço e, no exato instante em que o padre oferecia a hóstia às mulheres, puseram na boca a hóstia de metal. Olhei ao redor. Todos faziam o mesmo. Peguei a minha plaquinha e a apertei também entre os dentes. Eu também a carrego, e tenho a impressão de que desde quando nasci. É uma placa militar, tem gravados o meu nome, sobrenome, a data e o local de nascimento, o grupo sanguíneo e uma frase em latim de Terêncio. O bastante para ser reconhecido, o suficiente para sintetizar quem sou: para me carregar em forma escrita em volta do pescoço. Todos, ou quase todos que conheço, têm a plaquinha, a biografia de metal dependurada. Parece um símbolo do estilo dos jovens da periferia, uma provocação, uma declaração do estado permanente do conflito metropolitano. Como uma necessidade de se sentir soldado de qualquer jeito, mesmo sem exército, odiando a guerra e amando o combate. Na realidade, a plaquinha é, antes de tudo, um dos elementos determinantes para compreender a minha terra, a minha cidade, a minha gente. Um velho amigo dos tempos de faculdade, Salvatore, foi identificado graças a ela. Salvatore trabalhava na "escolta" de carretas abarrotadas de drogas. Essas carretas, recheadas de coca e haxixe, viajam quase sempre com dois carros de escolta que monitoram as estradas e ruas a serem percorridas, informando os postos policiais ou a presença de viaturas dos *carabinieri* e da polícia. Vislumbrada uma blitz, o motorista

O contrário da morte

sai da estrada e torna a entrar nela alguns quilômetros depois, evitando-a. Quando isso não é possível, intervém o que chamam de "a lata velha", um carro todo amassado que acompanha à distância as cargas importantes e, quando necessário, se aproxima dos policiais fazendo manobras visivelmente perigosas, com o intuito de ser parado e facilitar a passagem da carga. Salvatore era motorista de um carro desses. Tinha se tornado famoso porque, quando escoltava as carretas e não conseguia ser detido, não se dava por vencido: batia de propósito na traseira de uma vítima desprevenida, causando um acidente. Assim, devido à emergência, os policiais se dispersavam e suas viaturas corriam para o local do desastre. Salvatore se deu mal. Saiu da pista depois de ter batido num jipe. Seu carro incendiou-se, não de uma só vez. As chamas o envolveram devagar, enquanto o motor queimava e a fumaça preta entrava na cabine.

Roberto Saviano

Quando os bombeiros chegaram, Salvatore estava carbonizado. Conseguiram identificá-lo logo porque trazia no pescoço a plaquinha. Não só ele, como todo mundo. Nome, sobrenome, data e local de nascimento, grupo sanguíneo. E, no verso, o nome da namorada. Um apêndice à sua biografia de metal. Hoje em dia, médicos, bombeiros e policiais apalpam em volta do pescoço dos moribundos à procura da placa; dessa forma, não precisam procurar os documentos nos bolsos ou perguntar seu nome. E quando não a encontram é como se estivessem diante de um maluco, de um jovem que nunca usou um capacete, uma imprudência que não condiz com quem anda por territórios de guerra. A plaquinha é um objeto grosseiro, incômodo. No inverno, esse selo de metal provoca calafrios ao entrar em contato com a pele num abraço. Já no verão, cola no peito com o suor, e, quando se faz amor, fica balançando no nariz da garota ou acaba em

O contrário da morte

sua boca. Todos os meus amigos, sem exceção, me mostraram a placa mordida, segundo eles, por suas mulheres: eu forçava a vista e não enxergava nada, senão arranhões microscópicos. No imaginário deles, cada arranhão é um canino feminino diferente.

A plaquinha é um sinalizador. Um sinalizador de um território em guerra. De parte de um país em guerra. Um país em guerra que não sabe que está em guerra. De homens que morrem carbonizados em fronts diversos. Que ardem como Salvatore ou como Enzo.

Enquanto conversamos e eu tento fugir da situação embaraçosa, mostrando-lhe a minha plaquinha, Maria se levanta num pulo. Tira do armário um vestido de cores alegres que, naquela escuridão das roupas, provoca o efeito de uma lanterna apontada sobre meus olhos. Daqui a três dias será o seu aniversário. O vestido que Maria usará na festa é aquele que deveria usar no dia do noivado. Me dou conta de não saber a sua idade. De tê-la sempre dado como óbvia, de atribuir à menina uma idade geneticamente jovem. Pergunto-lhe sem rodeios:

— Quantos anos você tem?

Maria me olha, engole em seco. Talvez ninguém lhe houvesse feito essa pergunta nos últimos meses:

— Dezessete. Daqui a três dias, dezoito.

Penso ter entendido mal.

— Dezessete.

Enzo completara vinte e um. Os soldados quase nunca têm uma idade precisa. Se não são considerados ferozes ou assassinos, são todos jovens. Quando, porém, a juventude é interrompida com um mero registro de cartório, vinte e um anos é pouquíssimo para morrer, até para um recruta que embarcou para o Afeganistão com o intuito de pagar seu casamento e dar entrada numa casa. E, ao se pro-

O contrário da morte

nunciar a idade, as circunstâncias, o uniforme, o dever, uma terra distante, tudo encurta e se choca contra o nosso nariz. Ao ouvir "dezessete", dito com tanta simplicidade, tive a impressão de me chocar com uma vidraça que não vi enquanto caminhava. Aquela que eu pensava ser uma menina era uma menina. É uma menina. Uma menina viúva. Uma noivinha pura. Dezessete anos. A sensação é aquela de estar diante de algo sagrado. Uma espécie de imagem arquetípica que evoca uma vestal trágica de outras épocas. As meninas que ficavam viúvas de soldados meninos. Que se tornavam intocáveis para todos porque guardadas para a eternidade pelos espectros de seus futuros maridos. Ali, diante dos meus olhos. Tive vontade de repetir as indefectíveis ladainhas ouvidas nos pontos de ônibus ou pronunciadas pelos políticos de TV, que apregoam que é tudo sempre igual, que nada muda, que não existe diferença entre o passado e o presente. A própria Maria detém a minha tentação. Saímos de novo e ela me leva ao bar que fica no andar térreo de sua casa. Está repleto de veteranos. Foi montado por um ex-paraquedista da Folgore. Depois da Somália, ficara enredado em histórias de fotografias e tartarugas camufladas nas esteiras dos tanques, e acabara largando tudo, deixando o bar para a esposa. Ligado à máquina de videopôquer estava Tommaso. Havia lutado na guerra da Bósnia e odiava os militares das outras missões. Gastava fortunas no jogo. Perdia ali tudo que podia perder. E ganhava o bastante para encontrar nova motivação para continuar jogando. Maria desejava que eu conversasse com ele ou que, pelo menos, o conhecesse. Era um dos veteranos mais furiosos, um daqueles que, desde o retorno, não tinham encontrado a paz.

O contrário da morte

Agora, esses aí partem para resorts *de luxo. Quando a gente embarcou, cagávamos gelo nos acampamentos, não tínhamos telefone celular e mandávamos cartões-postais para nossas famílias. Hoje, eles têm academias de ginástica,* internet, *e não precisam sair dos quartéis para nada. O que sabem esses caras sobre Sarajevo? Sobre a avenida Mese Selimovica, conhecida como "Sniper Alley"? Eles iam cagar nas calças. O que eles sabem das minas MRUD ou da PROM-1? Nunca ouviram falar. Hoje, eles vão desfilar. Nós fazíamos guerra de verdade.*

Tommaso odeia visceralmente todos os veteranos que não estiveram na Bósnia como ele. Até provoca briga com militares de qualquer outra missão. E odeia, em especial, os veteranos do Iraque, porque eles têm Nassíria, o símbolo do massacre, a memória do sacrifício. E ele gostaria que os seus soldados fossem lembrados, como se as demais matanças fossem menores comparando-se à dele. Tommaso tem o sono agitado. Apesar de Maria querer ajudá-lo, ele não aceita. Dizem que continua tendo pesadelos com as batidas policiais nas casas em Sarajevo, onde relógios de pulso de ouro pendiam de gavetas. Assim que se abria a gaveta para pegar o relógio, tudo ia pelos ares. Era uma armadilha: a gaveta era conectada diretamente a uma mina. Um menino explodiu diante de seus olhos. Um menino a quem ele ordenou que fosse pegar o relógio. Mas tudo isso são histórias que se contam sobre Tommaso. Ele não fala de seus pesadelos para ninguém. A única coisa sabida e certa sobre ele é a sua preocupação quanto à saúde, que beira a hipocondria. Está só esperando a sua vez, tem certeza de que chegará. Tem pavor de que seus filhos possam nascer deformados, doentes, devido ao urânio empobrecido. A ponto de não ter querido filhos e de sua mulher

O contrário da morte

ter pedido o divórcio. Maria o provoca, quer que eu veja a dor expressa na face do veterano.

— Quantos dos seus foram mortos?...

— É pior que a morte. Contei até hoje noventa e três casos, vinte e oito já estão mortos, vinte e quatro morreram com câncer na tireoide, vinte e um com os testículos podres, e vinte com linfoma de Hodgkin. Minha vontade era parar de usar tão bem a memória. Quantos mortos, então? Mais em Nassíria, ou mais na Bósnia e no Kosovo?

Embora Maria o tivesse descoberto há poucos dias, Tommaso era amigo de Enzo.

É estranho. Me dei conta de que sei muito pouco de Enzo. Não me deixaram nada porque não nos deram tempo para as lembranças, não nos deram tempo de construir um passado. Tínhamos só o que nos acontecia, e nada mais. Agora que tiraram Enzo de mim, é como se me tivessem tirado tudo. Alguém precisava ter dito a mim que é assim que funciona. Que eu ainda não tinha nada... que estava me preparando para ter. E bem quando começava a ter, não tive mais.

A Maria restam pacotes de convites e participações de casamento, restam partes inteiras de sua vida, imaginadas mas nunca realizadas.

E do tempo que passamos juntos me sobrou pouco. Sei que ele gostava de suco de laranja no café da manhã, que quando ia apanhar pêssegos na Villa Literno voltava para casa com dor de estômago porque comia quilos e quilos. Sei que adorava Pietro Aurino, o pugilista de Torre Annunziata, e pegava carona com os caminhoneiros amigos de seu pai para assistir às lutas. Sei que gostava de dormir comigo, que queria ir embora desse lugar, mas que aqui podíamos comprar uma casa e aqui tínhamos todo mundo. Sei que tinha vergonha de me beijar na frente da família. Sei que eu gostava quando me chamava a atenção por causa de ciúmes absurdos, quando me dizia que eu tinha vestido algo errado só porque os garotos me olhavam. Sei, olhando as fotos que me mandava de Cabul, que gostava dos mercados, sei que me dizia que as pessoas de lá pareciam tudo, menos agressivas. Escrevia que um dia queria me levar ao Afeganistão e que em Cabul ninguém aguentava mais a guerra, que desejavam ficar em paz. Escrevia que se surpreendera ao encontrar um país tão lindo que dava vontade de morar lá e de amaldiçoar quem o havia destruído daquele jeito. Sei que fotografava as montanhas para mim. Me dizia que, quando a tensão era insuportável, conseguia encontrar silêncio onde quisesse, o que aqui em casa era impossível. A verdade é que muitas coisas não sei, muitas ainda tenho que descobrir, compreender, aprender sobre ele...

Não sabe ainda. Como se Enzo estivesse vivo, não tivesse acabado. Como se houvesse ainda tempo. Maria tem certeza de que continua, de que aquilo que foi Enzo continua a existir.

— Você se lembra de Carmela? — me pergunta.

E eu, por mais que me esforce, não me lembro de nenhuma garota com esse nome. Mas logo ela me esclarece. "E o amor é o contrário da morte", cantava Sergio Bruni em *Carmela*, uma das mais belas canções já compostas. Palavras do velho cantor de Villaricca, que anularam centenas de versos de poetas laureados. Maria tem uma certeza: guardar Enzo, arrancá-lo da morte, será possível apenas enquanto continuar a amá-lo. Uma Eurídice ao contrário, que somente prendendo Orfeu a seu campo de visão poderá trazê-lo de volta dos limites do Hades. Uma Eurídice que não se distrai, que não quer, nem por um segundo, desviar o olhar de seu Orfeu.

O contrário da morte

Pronunciar a palavra amor é embaraçoso. A língua se interrompe, como que cansada de um trajeto percorrido muitas vezes e que já não pretende mais refazer. Como um som que conhece muito bem. Como as cantilenas proferidas sem reparar no seu significado. Ou como as orações imersas numa sacralidade que perde qualquer conteúdo e torna-se mero ritual.

Há um momento, porém, em que uma palavra pronunciada e cuspida por muitas bocas, manipulada e abusada por muitas mãos incautas, torna-se imaculada. E ninguém sabe precisamente o motivo, não se pode percorrer o inverso do caminho para entender. Acontece, e basta.

Escutando Maria sussurrar aquele verso, pareceu-me, afinal, ter entendido tudo, como se ela me tivesse transmitido o mais precioso dos ensinamentos, aquele que eu tinha ido buscar longe, no fundo de baús de palavras, nos complexos questionamentos metafísicos, e que, no entanto, estava ali, simples e claro. Jogando os dados no tabuleiro dos pensamentos e aforismos, eu havia buscado respostas que não me satisfizeram, que nada me revelaram. E, agora, toda vez que me falta o conhecimento, que me falta a definição, toda vez que não percebo o sentido último, sei bem qual é a verdade do amor. A única que o peito ainda escuta e compreende: *o contrário da morte.*

O ANEL

A primeira vez que levei uma garota do Norte à minha cidade, minhas mãos começaram a me incomodar. Fui buscá-la na estação. Enquanto esperava, sentia uma espécie de formigamento, um daqueles que, como costumam dizer, só se acalma com um tapa. Comecei a massagear as palmas, alternando-as. Devia ser nervosismo. Talvez só isso. Quando ela desceu do trem, acomodei-a na Vespa e tentei levá-la embora dali rapidamente, sem deixar que percebesse onde havia descido. Não creio que já tenha me envergonhado de onde cresci, mas às vezes a adolescência tem a pretensão de poder escolher os lugares, bem como os espaços característicos desses lugares e, neles, até mesmo os momentos a serem saboreados e os que nunca deverão ser vividos. Eu queria chegar logo naqueles que considerava dignos de serem vistos, admirados, explorados. A orla marítima dando as costas para o cimento, o olhar voltado para o horizonte, sem precisar me virar. Os bezerros de búfala, nascidos antes do verão, fazendo suas mães emitir um mugido soando como um insulto provocado pela dor. E o bezerro, com a pele ainda coberta de placenta, parecendo vestir um manto sobre a carne, daqueles que cobrem os magos nas fábulas e sob os quais a gente imagina desaparecer numa noite de outro mundo. Tudo que podia parecer bonito eram ângulos, momentos, coisas que seriam apreendidas se a

O anel

gente se concentrasse e conseguisse ignorar tudo mais. Eu acelerava a Vespa como se quisesse apagar a visão do horrendo. Ela, sem graça, em vez de segurar na minha cintura, tentava encontrar apoio no banco e prender os dedos indicadores nas presilhas do meu jeans. Era uma menina do norte da Itália e não sabia que aquele gesto, para um rapaz como eu — que àquela época nunca tinha ido além dos limites de Cassino —, significava mais do que o simples fato de se apoiar em mim. Entramos na cidade, e ela notou ramalhetes de flores espalhados em várias esquinas. E também algumas velas acesas nas calçadas, na altura de nossos tornozelos. Eu queria ter-lhe explicado o que significavam. Mas temia assustá-la. Explicar que eram lugares onde haviam fuzilado, eliminado, liquidado alguém parecia-me inconveniente. Deixei que ela pensasse que na minha terra também se dirigia muito rápido. Que também se podia acabar espatifado numa árvore. De vez em quando, aqui ou ali, surgia uma lápide. Ela vinha de uma cidade do antifascismo e da Resistência, e, olhando de longe, me perguntou: "*Partigiani?*" Ela não sabia que, nessa região, a Resistência quase nem existira; que a guerra havia sido um extermínio infindável de civis; que os alemães, antes de se retirarem, tinham vasculhado casas e campos, massacrando tudo. "É, *partigiani*", respondi. Eu tinha muita prática em esconder certas histórias quando era adolescente. Talvez por isso, com mais idade, sentisse uma espécie de náusea permanente por tê-las guardado dentro de mim e então precisasse despejá-las em alguém. Porém, no fim das contas, instintivamente eu havia lhe dado uma resposta quase correta. O Sul é cheio de lápides que recordam alguém que morreu, mas num outro tipo de Resistência. Uma Resistência mais difícil de explicar porque não é contra tropas invasoras,

O anel

não é contra brigadas fascistas, não é contra um regime a ser derrubado. Uma Resistência que nem pode ser *contra*. Basta não estar *dentro* para morrer, exatamente como nos tempos de guerra, quando os bombardeios e as represálias dos alemães faziam mais vítimas civis no Sul do que nas zonas de combate.

Naquele dia, entretanto, eu estava feliz. Feliz porque tinha encontrado uma pessoa para me acompanhar no casamento de um primo distante que haviam me obrigado a ir. Eu a fiz esperar num quarto ao lado do meu enquanto trocava de roupa num segundo. Tranquei a porta da casa torcendo para que ela não percebesse, abafando o barulho da fechadura com uma tosse fingida. Eu a protegia como algo a ser defendido a sete chaves. Todos na cidade, enquanto nos dirigíamos à igreja para o casamento, admiravam aquela garota. Olhares enviesados, com o objetivo de capturar, de deixar bem claro que, se a presa não era de ninguém, passava a ser daquele que decidira ser o seu dono. Olhares que não queriam seduzir nem mesmo despertar curiosidade, mas apenas se saciar, fartando-se em ver, porque ninguém viria cobrar por isso. Apenas se satisfazer, como a mão boba no ônibus que, furtiva, toca um joelho ou um pulso, muitas vezes de um modo mais invasivo do que uma carícia vigorosa e explícita. Olhares que colavam na pele dela e a forçavam a desviar os olhos para cima ou para baixo e a suar mais, como se a densidade dos olhares estrangulasse o espaço e o ar do interior da igreja. Ela era território de ninguém, e não sabia, e eu, por minha vez, não encontrava as palavras para fazê-la entender isso. Consegui arrastá-la para o canto de uma das capelas. E comecei a observar as mãos de todas as tias e avós, de todas as mães e irmãs, das primas e das

O anel

convidadas. Eu precisava encontrar uma aliança. Peguei, de repente, a mão de minha tia, que se sobressaltou com aquele inusitado gesto de afeto, e tentei lhe tirar o anel. Mas ele já estava há tanto tempo no seu anular que não queria sair. Não adiantou nem a força nem a água benta. Finalmente interveio a sabedoria de minha avó, que pôs o dedo na boca e, lubrificando-o com a saliva, conseguiu puxar o anel sem esforço. Assim, com a aliança apertada na mão, corri para a capela, peguei a mão da garota e a coloquei em seu dedo. Num primeiro momento, ela estranhou, quase assustada. Depois, começou a me olhar com doçura, como que diante de um presente. Ela não havia entendido nada. Eu tinha acabado de lhe colocar um escudo. Mas também dessa vez não tentei explicar. Desde então, faço sempre isso: protejo a mão com um gesto. Como se as pessoas de que mais gosto devessem ser protegidas por um símbolo, um anel que, entretanto, só em algumas partes do mundo continua a ser um escudo. E proteger a mim mesmo, que desde adolescente passei a enfiar anéis nos dedos. Um na mão esquerda, dois na direita. Como eu via fazerem os grupos de extermínio ligados aos clãs. Uma maneira de caçoar de minha mãe, de irritá-la. Três anéis, como o Pai, o Filho e o Espírito Santo. Assim usavam na minha terra, assim uso eu. Sem significado, mas como um pedaço de algo que me pertence sem nem mesmo saber por quê. Pertence às minhas mãos. Depois de anos sem nos ver ou falar, reencontrei a garota do Norte. Hoje, ela tem um outro anel. Verdadeiro, colocado em seu dedo no momento certo, não às pressas, às escondidas. Um daqueles anéis que não protegem, não escondem; ao contrário, revelam. Ou que talvez não signifiquem nada, exceto o fato de ser de ouro. Tornou-se

O anel

jornalista, ou algo do gênero. Enquanto a acompanho ao habitual passeio por aquelas terras do inferno, ela tira da bolsa uma foto e me mostra. Uma foto, a única, daquele dia estranho. Mas não a mostra para compartilhar um momento de nostalgia. A garota do Norte, a mulher do Norte que se tornou jornalista, mostra dois rapazes, Giuseppe e Vincenzo, e me diz: "Foram mortos porque eram da Camorra, não é?" Evidentemente que se lembra deles no casamento. Lembra-se de seus rostos. A raiva me assalta de surpresa e mal posso contê-la. Poderia ter-lhe dado um tapa na cara, daqueles que deixam marca parecida a uma queimadura de sol, mas a mesma raiva me sufoca a voz e não consigo responder, não consigo falar. Ela se lembrava deles no casamento, lembrava-se e não sabia nada. Não sabia nada deles. Mas bastaram a notícia da morte e algumas informações coletadas por telefone para que os condenasse. Muito tempo passara desde quando tinham sido mortos. Ou talvez tenha passado pouco, mas existem fatos que a gente gostaria de esquecer, não gostaria de lembrar nem mesmo o mínimo detalhe. A memória, entretanto, não tem esse poder, ou pelo menos a minha não tem. Existem lugares onde nascer implica ter culpa. Onde o primeiro suspiro e o último catarro têm valor equivalente, o valor da culpa. Não importa qual vontade nos tenha guiado, não importa que vida tenhamos levado. Não conta nada o pensamento que atravessou nossas mentes, e menos ainda o afeto que cultivamos em certas horas do dia. Conta onde a gente nasceu, o que está escrito na carteira de identidade. Esse lugar é conhecido apenas pelas pessoas que ali moram, porque os culpados se conhecem. Todos culpados, todos absolvidos. Mas quem não pertence ao lugar ignora.

O anel

Era setembro, 28 de setembro para ser preciso, uma noite em que o frio parecia demorar a chegar, um verão prolongado, esticado quase até novembro. "Vamos pagar por esse calor todo, o inverno vai ser gelado!", comenta alguém atrás do balcão do bar. Um *sport bar* asqueroso, onde a gente compra velhas bebidas e novíssimos cartões de aposta para os jogos de futebol. *A' bullett*: O cartão. Apostar, jogar, vencer uma única vez uma grande bolada e acreditar ter sido capaz de fazer, ao menos, uma coisa boa na vida. Aí, essa bolada não chega nunca, chegam só quantias minúsculas, doses progressivas injetadas para fazer você continuar a jogar. E a gente se dá conta de que cada vitória cobre a metade da metade dos anos de apostas erradas. Nesse lugar, em frente ao barzinho onde todos bebem Arnone, porque é da região e porque alguém quer que se venda só o refrigerante Arnone, há uma praça. Tudo acontece nessa praça. Sempre nos mesmos horários, as mesmas caras. Todos ali, nas *scooters*, nas muretas. Baseado, cerveja, papo. Às vezes, uma rixa. São quase todos parentes, filhos de três, quatro famílias, todos do mesmo sangue, memórias comuns, mesma turma na escola. E, depois, tem os garotos novos, os filhos dos imigrantes ou os filhos do povo do lugar que se casou com imigrantes. De fato, aqui é um povoado africano. Não pelo clima, não pela arquitetura pseudo-exótica, mas pela maioria da população que nele vive. É habitado em grande parte por imigrantes africanos. Não magrebinos. Quase todos nigerianos, senegaleses, muitos marfineses, poucos de Serra Leoa, vários da Libéria. "No passado tinha ainda mais!", repete o mesmo sujeito atrás do balcão do asquerosíssimo bar. Sim, ainda mais. Isso significa que, na cidade, de cada dez, nove eram africanos e um

O anel

era da região. Mas, se desconfiássemos da cor da pele, a única "pessoa da região" poderia ser polaca e, assim, dez em cada dez seriam imigrantes. Este lugar podia ser um poço de cultura concentrada em poucos metros quadrados. Meia África foi despejada nessas ruas e penou nas lavouras de tomates por sete mil liras a hora. Hoje, por cinco euros. O povo do lugar não era cruel com os africanos, não os tratava com desprezo. Ao contrário. Passado algum tempo, começaram as primeiras festas comunitárias, alguns casamentos mistos. As meninas negras entraram nas casas como babás. Com o tempo, no entanto, os poderosos, os verdadeiros poderosos, propagaram um sentimento de medo, de desconfiança, e impuseram a separação. Se realmente devia existir contatos, que fossem mínimos, que fossem superficiais, que fossem passageiros. E aí, cada um por si e todo o dinheiro para eles. Naquela noite eram cinco.

Roberto Saviano

Cinco que bebericavam refrigerante e cerveja no gargalo. Francesco, Simone, Mirko, Giuseppe e Vincenzo. Conversavam. Talvez se conhecessem desde sempre, ou de vista, ou tivessem cursado algum ano de escola juntos, talvez tivessem se encontrado na quadra de futebol de salão, nos jogos da Liternese. Quem sabe tivessem se alistado no exército ao mesmo tempo. Falavam, riam, arrotavam. Milão, Turim, Roma. A geografia misturava-se aos fios dos diálogos dos garotos. Ninguém queria ficar, sentiam o peso da culpa. Já eram adultos e intuíam a culpa de viver nesse lugar. Quem não ia embora era um derrotado. Queriam ganhar dinheiro, mas Giuseppe e Vincenzo sabiam que nunca conseguiriam se manter com o próprio trabalho antes dos quarenta anos. Giuseppe, 25 anos, era marceneiro. Competente, tinha talento para os móveis, parecia um artista nato da madeira. Na sua oficina, contudo, era sempre

O anel

visto como um moleque, recebia uns trocados. Somente quando tivesse suado a camisa e ganhado experiência é que lhe dariam mil euros de salário. Vincenzo tinha 24 e labutava como pedreiro. Aqui o trabalho é chamado de "labuta". Se a gente não sua, se não volta para casa com as pernas bambas, se não sente à noite a boca seca e o estômago vazio, é porque não "labutou". O trabalho é assim. Vincenzo não era lá essas coisas como pedreiro. Ele só preparava a massa. Misturava cimento e água. Uma vez, veio à minha casa com o *masto*, patrão, para repintar um quarto manchado pela umidade. Tinha visto um livro, *O operário*, de Ernst Jünger, e comentara, brincando, com uma lucidez que eu não esperava: "Bom, eu também podia escrever um livro com esse título, mas ia ter que escrever sempre a mesma página: aqui é tudo sempre igual." Na pracinha, naquela noite, como sempre, falava-se de coisas bem mais triviais e bem piores. Havia um bom tempo, três sujeitos iam e vinham perto do grupo dos rapazes. Francesco percebeu que estava sendo observado. Francesco tinha 21 anos, estava fazendo carreira com aqueles que comandam. Era ligado ao clã dos Tavoletta. O clã da região. Era traficante, e vendia até onde não devia, por isso o clã o reconhecia como um afiliado sério, embora jovem. Ganhava 1.200 euros por semana. Às vezes, era motorista. Tinha coragem de traficar nos territórios dos inimigos dos Tavoletta, os Bidognetti. Francesco brincava, ria, tomava a terceira cerveja, dava a décima puxada no baseado. Mas não estava tranquilo. Mirko e Simone eram amigos. Simone era o irmão de Giuseppe. Eles tinham sido os primeiros a chegar à praça para conversar, e logo os outros foram se aproximando. É assim que se forma um grupo: chega em ondas, dispersa-se em ondas. Simone também trabalhava numa mar-

O anel

cenaria. Era menos talentoso que o irmão, mas, por ter 31 anos, ganhava melhor e executava tarefas de maior prestígio. Montava os móveis para os recém-casados e passava o tempo se queixando da Ikea, que havia destruído o bom-gosto, que permitia montar uma casa com 500 euros, que não deixava as mulheres casadas terem suas próprias manias, cada mania ter o seu marceneiro, e cada marceneiro o seu salá-rio. Os próprios clãs, quando venderam os seus terrenos à Ikea para que construíssem o maior estabelecimento da Europa, começaram a liqui-dar suas fábricas de móveis e as transformaram em oficinas mecânicas. Mirko estava desempre-gado. O pai procurava um emprego para ele, tal-vez em Formia. O perfume de Roma já o exci-tava. Tinha 31 anos, sempre trabalhara como caixa de supermercado. Até que contrataram um garoto do Chade que trabalhava o dobro pela metade do salário de Mirko. Mas ele não dava bola. Deixava para lá. "É agora que eu vou embora", dizia para todos que queriam consolá-lo. Falavam, falavam. Era domingo. No dia seguinte, trabalho, merda! Mas falavam, continuavam falando. Francesco mostrou uma nota de cem euros. Estava orgulhoso. Dizia que ia se casar antes dos outros e que o casamento seria em Sorrento. Os outros riam, o invejavam, mas sabiam de onde vinha aquele dinheiro. Os quatro rapazes se mantinham longe dos clãs. Perigo demais, risco demais. Exceto Francesco. Enquanto isso, os sujeitos continuavam a passar. Francesco, então, entendeu. Tentou se afastar, despedindo-se rapidamente. Vincenzo, Giuseppe, Mirko e Simone não entenderam. Os três, que estavam a postos na praça há horas, começaram a correr atrás dele, sacaram as pistolas e os rapazes fugiram. Francesco já estava bem à frente. Os três caras tinham as pupilas dilatadas, estavam alucinados de tanta coca.

O anel

Eram homens dos Bidognetti, o clã rival, incumbidos de punir Francesco. Correram, correram. Carregaram e descarregaram duas pistolas. Smith&Wesson. Quando se dispara com um trabuco tão pesado, a mira requer a habilidade de um atirador de elite. Só se produz barulho e medo, não se alcança nenhum objetivo. Os rapazes conseguiram fugir, se enfiaram num beco sem saída e, para finalizar, se conseguissem pular o muro que separava um pequeno jardim da rua, estariam salvos. Francesco encaixou os pés nas falhas dos tijolos e alcançou o alto do muro. Subiu em poucos segundos. Dispararam sete tiros. Apenas um acertou a clavícula, mas ele nem percebeu. Quando uma bala acerta de perto, a ferida cauteriza rápido e não se sente nada de tanto medo e adrenalina; só depois é que se percebe, no chuveiro, assim que a água quente faz o sangue sair do buraco. Ele caiu do outro lado do muro. Estava fora de

Roberto Saviano

perigo. Mirko e Simone pareciam duas marionetes desengonçadas. Corriam sem fôlego. Não conseguiram parar e bateram com o nariz no muro. Escalaram os tijolos, agarrando-se até com as unhas. Cinco tiros contra eles. Mirko foi acertado de raspão no abdômen; Simone, de raspão no cotovelo. Só queimou um pouco a pele, nada demais. Pularam o muro. Ficaram a salvo. Os matadores, sem fôlego, sufocados pela coca, tentaram subir. Caíram várias vezes, não conseguiam. Ouviram do outro lado os garotos escapando. A vizinhança chamou a polícia. Mas eles não podiam voltar de mãos vazias. Vincenzo e Giuseppe não correram em direção ao muro. Começaram a bater nas portas. Não entendiam por qual motivo estavam sendo atacados. Ninguém abriu. Ainda que os conhecessem, ainda que fossem os filhos de Rosetta e de Paola, duas mulheres conhecidas na cidade, ninguém abriu. Apesar de todos os terem visto

O anel

meninos, crescer na praça. Não abriram. Não sabiam no que se haviam tornado agora que eram adultos. Eles socaram as portas. Um casal de aposentados abriu. Somente eles. Conheciam Giuseppe, até o chamavam de Peppino. Como não? Haviam lhe pedido que fizesse um armário embutido quando a primeira neta se casara. Abriram, e os dois rapazes entraram. Os velhinhos lhes ofereceram água e chamaram os *carabinieri*. Tentaram acalmá-los e saber o que havia acontecido naquela cidade que conheciam bem. Gostariam de poder lhes dizer que tudo estava diferente, que não a reconheciam mais se comparada à sua juventude. Porém a reconheciam perfeitamente. Sempre fora assim. Talvez antes fosse pior. O clichê do velho suspirando pelo passado se desfez lamentavelmente, por aqui. Poucos minutos depois, contudo, voltaram a ouvir alguém batendo na porta. Bateram com os pés e bateram com o cabo da pistola. Os rapazes gritaram: "O que vocês querem? A gente não tem nada com isso!" Mas os homens dos Bidognetti tinham que punir Francesco, e já que ele fugira, alguém deveria ser punido. Os chefes julgariam equivalente a punição aplicada a uma pessoa próxima, um conhecido, um conterrâneo, alguém com quem Francesco estivesse conversando. Os Bidognetti são chamados de Mezzanotte, 'Meia-Noite", porque a noite mais negra cai sobre cada uma de suas ações criminosas. Os três arrombaram a porta, os garotos tentaram fugir pela janela da cozinha, mas os matadores eram hábeis e estavam furiosos. Se voltassem de mãos vazias, o salário poderia ser bloqueado pelo clã por vários meses, e eles tinham família. Assim, puxaram os cabelos crespos de Vincenzo, que caiu de costas no chão. Então levantaram sua cabeça, como se faz para degolar um cabrito, mas apontaram embaixo da nuca, na altura do

O anel

pescoço. Com um pontapé, jogaram o cadáver debaixo da mesa. Giuseppe tentou escapar, correndo de uma parede à outra do minúsculo cômodo. Foi eliminado com quatro tiros na barriga. Caiu sobre a poça de sangue de Vincenzo. Os dois velhos ficaram parados. Não gritaram, já se preparavam para sair e dizer aos *carabinieri* que haviam encontrado aquela carnificina pronta e que não tinham visto nada. É como se aquela fosse a enésima condenação recebida por terem nascido numa cidade de culpados. Os matadores ouviram as sirenes da polícia. Escaparam, eles sim, pela janela da cozinha que dava no parque atrás do muro. Era a única escapatória. Para todos. Os *carabinieri* entraram. Os rapazes estavam debaixo da mesa. Sobre a toalha, uma laranja descascada e sementes cuspidas; uma garrafa de vinho tinto entornado no chão misturara-se aos cachos de Vincenzo. A nódoa roxa na toalha era perfeitamente esférica. Estar na praça e fugir sob o efeito do medo, perseguidos não se sabia por que nem por quem. Essa a culpa maior de Vincenzo e Giuseppe. Assassinados. Inocentes. Mortos de que nenhum jornal nacional se lembrou no dia seguinte. Nenhum telejornal, nenhuma rádio. Silêncio na esquerda, na direita, no centro. Todos mudos. Nasceram na terra da culpa. Não podiam se afirmar inocentes. Eu devia ter trazido aqui a garota do Norte, ter-lhe mostrado a praça, contado a história deles. Mas continuava olhando suas mãos enquanto sufocava a raiva nas minhas, que formigavam como há tantos anos na estação. A aliança que eu havia lhe colocado no dedo e que havia sido substituída por outro anel, maior e mais bonito, não funcionara de escudo para ela. Ao contrário, tornara tudo invisível: eu, nós, esse lugar, essa cidade. Como ocorre normalmente, como acontece sempre. "Eles não eram da Camorra",

O anel

eu queria retrucar, "eram *partigiani*". Talvez fosse mais grandiloquente, muito melhor que um tapa, mas ela não entenderia mais uma vez. A mãe de Giuseppe, desde então, passa os dias na rua. Sentada numa cadeira, perto do tal bar. A qualquer um com que cruza o olhar, ela pergunta: "Você aí, vai chamar o Giuseppe pra mim. Ele sempre chega tarde da noite... Amanhã tem que ir trabalhar." Todos respondem: "Já estou indo", e aí apertam o passo. A mulher observa até onde a miopia lhe permite, ou até que os vultos desaparecem dobrando a esquina, e, então, lentamente, se vira, baixa a cabeça e continua a esperar.

Impresso no Brasil pelo
Sistema Cameron da Divisão Gráfica da
DISTRIBUIDORA RECORD DE SERVIÇOS DE IMPRENSA S.A.
Rua Argentina 171 – Rio de Janeiro, RJ – 20921-380 – Tel.: 2585-2000